BEI GRIN MACHT SICH IHR WISSEN BEZAHLT

AF136206

- Wir veröffentlichen Ihre Hausarbeit, Bachelor- und Masterarbeit

- Ihr eigenes eBook und Buch - weltweit in allen wichtigen Shops

- Verdienen Sie an jedem Verkauf

Jetzt bei www.GRIN.com hochladen und kostenlos publizieren

Trainingslehre Krafttraining. Erstellung eines Trainingsplans durch Meso- und Makrozyklusplanung

Selina Glaubitz

Bibliografische Information der Deutschen Nationalbibliothek:

Die Deutsche Nationalbibliothek verzeichnet diese Publikation in der Deutschen Nationalbibliografie; detaillierte bibliografische Daten sind im Internet über http://dnb.d-nb.de abrufbar.

ISBN: 9783346603371
Dieses Buch ist auch als E-Book erhältlich.

Druck und Bindung: Books on Demand GmbH, Norderstedt Germany
Gedruckt auf säurefreiem Papier aus verantwortungsvollen Quellen

Das Buch bei GRIN: https://www.grin.com/document/1176536

Einsendeaufgabe

Fachmodul: Trainingslehre I

Studiengang: Bachelor Gesundheitsmanagement

**Datum
Präsenzphase:** 07.-10.01.2019

Name, Vorname: Glaubitz, Selina

Semester: SS 2018

Inhaltsverzeichnis

1. Diagnose

1.1. Allgemeine und biometrische Daten der Testperson

Tab. 1: Allgemeine Daten der Testperson

Alter	45 Jahre
Geschlecht	Weiblich
Körpergröße	1,67 m
Körpergewicht	70 kg
Trainingsmotive	Fitness steigern, abnehmen, Haltung verbessern
Berufliche Tätigkeit	Bürokauffrau
Sportliche Aktivität	Bis vor fünf Jahren regelmäßig Volleyball in der Bayernliga über 20 Jahre lang, danach ca. ein Jahr dreimal pro Woche Krafttraining im Fitnessstudio, allerdings ohne gezielte Trainingssteuerung, seit drei Jahren kein Sport mehr
Verfügbare Zeit	Drei Mal pro Woche, jeweils ca. eine bis maximal eineinhalb Stunden

Tab.2: Biometrische Daten der Testperson

Bezeichnung	Wert	Normwert	Bewertung
Blutdruck	131/84 mmHg	Optimal unter 120/80 mmHg	Der Blutdruck liegt laut Mancia et al. (2013, S. 1286) im hochnormalen Bereich.
Ruhepuls	74 bpm	60-80 bpm	Der Ruhepuls liegt noch nicht im Bereich der Tachykardie, ist allerdings auch nicht als optimal zu bewerten.
Körperfettanteil	27 %	20-25% (Schäffler, 2015)	Der Körperfettanteil liegt über dem Normwert.

Tab.3: allgemeiner Gesundheitszustand der Testperson

Orthopädische oder internistische Beschwerden	Keine
Vorhergehende Operationen, weitere ärztliche Behandlungen	Keine
Einnahme von Medikamenten	Keine

Aufgrund der erhobenen Daten über die Testperson ist davon auszugehen, dass sie durchaus belastbar ist. Sie hat bereits lange Zeit eine Spielsportart (Volleyball) betrieben und hat danach bereits Erfahrungen im Krafttraining gesammelt. Insofern ist sie bereits sportliche Belastungen gewöhnt. Außerdem liegen keine Kontraindikationen vor, die gegen eine hohe Belastbarkeit sprechen. Sie ist gesund, ist nicht in Behandlung und hatte bisher noch keine Operation. Der einzige Risikofaktor, der in der Trainingsplanung berücksichtigt werden sollte, ist der leicht erhöhte Blutdruck der Bewertungsstufe „hochnormal".

1.2 Krafttestung

1.2.1 Begründung des Testverfahrens

Mit der Testperson soll ein X-RM-Test durchgeführt werden. Die Auswahl wird so begründet, dass ein Maximalkrafttest ausgeschlossen wird aufgrund der zu hohen physischen sowie psychischen Belastung für die Kundin. Zwar hat sie bereits Erfahrung im Krafttraining und ist gesund, dennoch treibt sie momentan keinen Sport und hat außerdem eine sitzende Tätigkeit, was ein niedriges Leistungsniveau vermuten lässt. Insofern stellt ein Maximalkrafttest eine unnötig hohe Belastung dar. Des Weiteren ist die Kraftmessung anhand des subjektiven Belastungsempfindens in diesem Falle ungeeignet, da die Person seit Jahren kein Krafttraining mehr absolviert hat und auch damals nur ohne konkrete Steuerung. Somit ist es schwierig, die eigene Leistung so genau einzuschätzen, dass das Training möglichst effizient gestaltet wird. Als Folge ist die Bestimmung submaximaler Trainingsintensitäten anhand eines X-RM-Tests die beste Möglichkeit, ein möglichst genaues Ergebnis zu erhalten und die Kundin dennoch nicht über ihre Grenze hinaus zu belasten.

1.2.2 Testverlauf

Nachdem sich die Testperson erwärmt hat, wird der Krafttest an den Übungsgeräten durchgeführt, an denen sie im ersten Mesozyklus trainieren wird. Es werden jeweils zwei, oder bei Bedarf drei, Testsätze pro Übung durchgeführt. Da der erste Mesozyklus als Hypertrophie-Zyklus geplant wird, werden pro Übung 10 Wiederholungen absolviert. Das Ziel ist es, das Gewicht herauszufinden, bei dem die Person genau 10 Wiederholungen ohne Fehler ausführen kann. Im ersten Testsatz wird ein Gewicht vom Trainer festgelegt, mit dem die Testperson startet. Für den nächsten Satz kann das Gewicht, je nach subjektivem Empfinden des Trainierenden um 5%, 10% oder gar 25% gesteigert werden. Nach drei Minuten Pause wird getestet, ob das Gewicht schon der angestrebten Belastung entspricht, wenn nicht, wird das Gewicht noch einmal angepasst und nach erneuten drei Minuten Pause der dritte Testsatz gestartet. Diese Methode wird bei allen Übungen, die im ersten Mesozyklus trainiert werden sollen, analog durchgeführt.

1.2.3 Ergebnisse des Krafttests

Tab. 4: Ergebnisse des Krafttests

Übung	Gewicht im ersten Testsatz	Zweiter Testsatz	Dritter Testsatz	Ergebnis
Kniebeuge mit der Langhantel	15 kg	20 kg	-	20 kg
Kurzhantel-Rudern	5 kg	5,5 kg	5,75 kg	5,75 kg
Rumpfflexion sitzend	20 kg	25 kg	27,5 kg	27,5 kg
Brustpresse	25 kg	30 kg	-	30 kg
Hüftabduktion am Seilzug	2,5 kg	2,5 kg	-	2,5 kg
Wadenheben	15 kg	17,5 kg	-	17,5 kg
Kurzhantel-Konzentrationscurls	1,5 kg	2 kg	2,25 kg	2,25 kg
Armstrecken am Seilzug	1,5 kg	1,75 kg	2 kg	2 kg

1.2.4 Schlussfolgerungen aus den Testergebnissen

Ein interindividueller Vergleich der Leistung mit diesem Test ist nicht möglich, da aufgrund der vielen Einflussfaktoren auf die Leistung keine allgemeingültigen Norm- oder Referenzwerte existieren. Allerdings ist bei gleichen Testbedingungen, also auch gleichem Ablauf und gleicher Methodik des Tests, ein intraindividueller Leistungsvergleich möglich. Das heißt, dass die Leistung der Sportlerin zu einem späteren Zeitpunkt mit der jetzigen verglichen werden kann, wenn erneut ein X-RM-Test unter genau denselben Bedingungen durchgeführt wird. Werden diese standardisierten Tests öfter wiederholt, kann so die Leistung und deren Entwicklung dokumentiert werden. Des Weiteren können aus diesen Gewichten des Krafttests die Intensitäten im Training festgelegt werden. Die Ergebnisse stellen 100% der Last dar, die bei 10 Wiederholungen maximal bewegt werden kann. Somit können die späteren Prozentangaben der Intensität von diesen Ergebnissen abgeleitet werden.

2. Zielsetzung/Prognose

Tab. 5: Ziele der Testperson

Zielbeschreibung	Zeit	Ausmaß
Körperfettanteil senken	In sechs Wochen	1800 - 3000 g Körperfett reduzieren
Kraft steigern	In acht Wochen	X-RM um 25% steigern
Blutdruck senken	In sechs Wochen	Um 2-3 Punkte nach Riva-Rocci

Laut Schäffler (2015) liegen die Empfehlungen für einen Grenzwert des Körperfettanteils verschiedener ernährungs- und sportwissenschaftlicher Gesellschaften für Frauen bei 20-25%. Da die Testperson mit einem Körperfettanteil von 27% über diesem Grenzwert liegt, ist eine Reduktion des Körperfettanteils zu empfehlen, um eine Adipositas als Risikofaktor für weitere Krankheiten, wie zum Beispiel Diabetes mellitus Typ 2, auszuschließen. Die gleiche Begründung ist für das Ziel der Blutdrucksenkung anzuführen. Hauner, Landgraf, Schulze, Spranger und Standl (2005) führen Bluthochdruck und Adipositas unter anderen als wichtigste Risikofaktoren für Diabetes mellitus Typ 2 auf. Die Reduzierung des Körperfettanteils und die Blutdrucksenkung haben jedoch auch insofern ihre Begründung als sowohl Adipositas als auch Bluthochdruck von der WHO als Krankheiten angesehen werden (Deutsches Institut für medizinische Dokumentation und Information, 2018). Die Auswahl der Kraftsteigerung als Ziel hat mehrere Gründe. Zum einen ist eine Trainingsintension der Testperson eine Steigerung der eigenen Fitness, was eine Kraftsteigerung inkludiert. Des Weiteren möchte sie eine verbesserte Haltung erreichen, was eine Zunahme der Kraft voraussetzt. Schließlich fällt es leichter, eine richtige Haltung einzunehmen und langfristig zu halten, wenn die Muskulatur nicht so schnell ermüdet. Zuletzt ist die Kraftsteigerung ein Ziel, das sehr sicher erreicht wird, wenn das Training sinnvoll durchgeführt wird. Sei es durch bessere inter- und intramuskuläre Koordination, Muskelquerschnittszunahme oder Vergrößerung der muskulären Energiespeicher. Insofern dient dieses Ziel zugleich der Motivation für den Sportler.

3. Trainingsplanung Makrozyklus

Tab. 6: Planung Marozyklus anhand der ILB-Methode

	Mesozyklus I	Mesozyklus II	Mesozyklus III	Mesozyklus IV
Zyklusdauer	8 Wochen	6 Wochen	8 Wochen	6 Wochen
spezifisches Trainingsziel	Hypertrophie (extensiv)	Kraftausdauer	Hypertrophie (intensiv)	Maximalkraft
Einheiten pro Woche	2	3	3	3
Organisations- form	Ganzkörper / Station	Ganzkörper / Zirkel	Ganzkörper / Station	Ganzkörper / Station
Übungen pro Muskelgruppe	1-2	2	2	2
Sätze pro Übung	2	2-3	2-3	3
Satzpausen	60 s	-	60 s	90 s
Wiederholungs zahl	10	20	6	5
Intensität	60-80% des X-RM	60-80 % des X-RM	60-80 % des X-RM	60-80 % des X-RM
Bewegungs- tempo	2/0/2	2/0/2	2/0/2	2/0/2

3.1 Begründung Trainingsmethoden

Für die Testperson wurde ein Makrozyklus anhand der ILB-Methode erstellt. Da die Person bereits Erfahrung mit dem Krafttraining hat, aber dennoch lange kein Sport mehr betrieben hat, ist die Einstufung aufgrund des Trainingsalters (Eifler, 2017) sinnvoll. Zudem können anhand der X-RM-Tests die Intensitäten genau reguliert werden, sodass einerseits ein Übertraining mit einer Verletzung zur Folge vermieden wird und anderer- seits die Testperson regelmäßig anhand objektiver Parameter die Intensität steigern kann, um stetig trainingswirksame Reize zu setzen und so die Leistungsfähigkeit zu steigern (Hofmann, Tschakert und Müller, 2017). Das ist sinnvoll, da eine Einstufung der Intensität anhand subjektivem Empfinden oft zu Unter- oder Überforderung führt.

3.2 Begründung Belastungsparameter

Da der gesamte Makrozyklus nach der ILB-Methode geplant wird, sind gewisse Belastungsparameter schon vorgegeben und werden nur geringfügig geändert. Laut Eifler (2017) wird eine Person mit einem Jahr Trainingserfahrung als „Geübter" eingestuft und sollte daher mit folgenden Belastungen trainieren:

- Ganzkörper- oder Split-Training
- 2-3 Trainingseinheiten pro Woche
- 2 Übungen pro Muskelgruppe
- 2 Sätze pro Übung
- 60 - 80 % des X-RM (ILB-) Tests

Allerdings soll auf die einzelnen Parameter im Folgenden noch einmal differenziert und individualisiert eingegangen werden.

Beim ersten Hypertrophie-Mesozyklus soll die Testperson an die neue Belastung gewöhnt werden, deswegen werden zunächst zwei Einheiten pro Woche eingeplant. Studien zeigen schließlich, dass auch bei zwei trainingswirksamen Reizen in der Woche Anpassungseffekte in Gang gesetzt werden (Wirth & Schmidtbleicher, 2002), die signifikant höher sind als bei einer Trainingseinheit, aber nur geringfügig weniger als bei drei Einheiten in der Woche. Für die kommenden Mesozyklen werden dann aber drei Einheiten pro Woche geplant, da ein neuer trainingswirksamer Reiz am höchsten Punkt des Leistungsstands im Sinne der Superkompensation gesetzt werden soll. Dieser Punkt ist bei nicht vollständiger Ausbelastung laut Hofmann et al. (2017) ca. 24 Stunden nach der Trainingseinheit. Außerdem soll vor allem im Hypertrophie-Training die erhöhte Proteinsynthese, die bis zu 36 Stunden nach dem Training wirksam ist, ausgenutzt werden. Schließlich hat die Testperson auch angegeben, drei Mal pro Woche ein Training im Alltag integrieren zu können.

Da pro Übung zum Teil mehrere Muskelgruppen trainiert werden, sind im ersten Meso-zyklus ein bis zwei Übungen pro Muskelgruppe veranschlagt, um die Testperson wieder ans Krafttraining heranzuführen und ihren individuellen Zeitplan nicht überzustrapazie-ren. Danach wird nach der ILB-Methode vorgegangen und die Empfehlung von zwei Übungen pro Muskelgruppe übernommen.

Auch bezüglich der Satzzahl wird die Vorgabe der ILB-Methode nicht verändert. Laut Fröhlich, Emrich und Schmidtbleicher (2010) ist das Mehrsatz-training vor allem in Be-zug auf langfristige Anpassungen dem Einsatz-Training überlegen.

Die Intensität wird aus den jeweiligen X-RM-Tests abgeleitet. Der erste Test ist somit ein Test mit zehn Wiederholungen pro Übung. Davon werden nach Eifler (2017) 60-80 % der Intensität im Training realisiert. Es wird hier eine Spanne angegeben, da das Ge-wicht pro Woche gesteigert werden soll. Das heißt die Testperson beginnt immer mit einer Intensität von 60 % des jeweiligen X-RM zu trainieren und steigert dann die In-tensität um 5 % pro Woche, sodass sie mindestens 80 % des X-RM erreicht.

3.3 Begründung Organisationsformen

Im Allgemeinen ist für die Person immer ein Ganzkörpertraining geplant, einerseits weil sie nur drei Mal pro Woche kommt und dadurch für die zweite Split-Einheit nur ein Training pro Woche möglich wäre, was zu selten den trainingswirksamen Reiz schafft (vgl. 3.2 Begründung Belastungsparameter). Zum anderen wird für ihre Leistungsstufe ein Ganzkörpertraining nach der ILB-Methode vorgegeben.

Die Hypertrophie- und Maximalkraft-Zyklen sind als Stationstraining organisiert, was es ermöglicht, die vorgegebenen Pausenzeiten zwischen den Sätzen einzuhalten und so die gleiche Muskelgruppe nach einer angemessenen Regenerationszeit wieder zu bean-spruchen. Außerdem „zielt das Stationstraining eher auf die eigentliche Verbesserung der verschiedenen Kraftmanifestionen per se ab" (Fröhlich, 2014).

Das Kraftausdauertraining ist im Gegensatz dazu als Zirkeltraining geplant. Zum einen spielen hier die geringere Dauer (da kurze Pausen) und die Abwechslung eine Rolle, zum anderen sind hier die kardiovaskulären Reaktionen verstärkt (Fröhlich, 2014). Die-ser Aspekt ist für die Testperson von großer Bedeutung, da eins der Ziele die Blutdrucksenkung darstellt. Zu den genauen Hintergründen wird unter 3.4 Begründung Periodisierung Stellung genommen.

3.4 Begründung Periodisierung

Die übergeordnete Begründung für die Periodisierung im Krafttraining ist das Prinzip der Zyklisierung (Hofmann et al., 2017). Um Stagnation zu vermeiden und somit immer wieder einen optimalen Reiz zu schaffen, muss das Training in bestimmten Abständen variiert werden. Im vorliegenden Fall wird im ersten Mesozyklus mit Hypertrophietraining gestartet. Das hat den Hintergrund, dass die Testperson als Ziel hat, ihren Körperfettanteil zu reduzieren. Hier hilft es, zuerst Muskelmasse aufzubauen, um so den Grundumsatz zu steigern (Rometsch, 2010). Weiter wird beim Hypertrophietraining (also sowohl im ersten als auch im dritten Mesozyklus) die Stabilität der Gelenke gefördert (Haas & Fox, 2005) und auch die Haltung verbessert, was für unsere Testperson ein Trainingmotiv darstellt. Schließlich ist für eine aufrechtere Haltung eine kräftige Rumpfmuskulatur essenziell (Hauser-Bischof, Dvořák, Rief & Graf-Baumann, 1991). Durch das Hypertrophietraining wird ein Dickenwachstum der Muskulatur (Rometsch, 2010), also eine Zunahme an Muskelmasse erreicht. Dazu kommt eine „strukturelle Veränderung der Muskelfasern und eine Muskeltypentransformation" (Fröhlich, 2014). Außerdem wird laut Fröhlich (2014) die Proteinsynthese gesteigert. Zwischen die zwei Hypertrophie-Zyklen wird ein Zyklus Kraftausdauer geschaltet, damit die aufgebauten Muskeln optimal versorgt werden. Grund hierfür ist die verbesserte Kapillarisierung als Anpassung ans Kraftausdauertraining (Fröhlich, 2014). Außerdem wird die Testperson optimal auf das spätere, intensive Hypertrophietraining vorbereitet. Hierbei sind als Gründe laut Fröhlich (2014) die verbesserte Laktattoleranz und Pufferkapazität anzuführen. Der zweite Mesozyklus dient außerdem dem Ziel der Körperfettreduktion und Blutdrucksenkung. Letztere geht mit der besseren Kapillarisierung und somit besseren Verteilung des Blutes auf mehrere Gefäße einher. Die Reduzierung des Körperfettanteils kommt von der „Vergrößerung intramuskulärer Energiespeicher" (Fröhlich, 2014). Der vierte Mesozyklus schließlich dient der Kraftsteigerung, was ein großes Ziel der Testperson darstellt. Dies impliziert Steigerungen der Maximal-, Schnell- und Explosivkraft.

Des Weiteren werden durch bessere Rekrutierung, Frequentierung und Synchronisation eine bessere intra- und intermuskuläre Koordination erreicht (Fröhlich, 2014)

4. Trainingsplanung Mesozyklus

Tab. 7: Mesozyklus I: Planung

Zyklusdauer	8 Wochen
Spezifisches Trainingsziel	Hypertrophie (extensiv)
Einheiten pro Woche	2
Organisationsform	Ganzkörper / Station
Übungen pro Muskelgruppe	1-2
Sätze pro Übung	2
Satzpausen	60 s
Wiederholungszahl	10
Intensität	60-80% des X-RM
Bewegungstempo	2/0/2
Ausgewählte Übungen	Kniebeuge mit der Langhantel Kurzhantel-Rudern Rumpfflexion sitzend an der Maschine Brustpresse an der Maschine Hüftabduktion am Seilzug Wadenheben an der Maschine Kurzhantel-Konzentrationscurls Triceps Armstrecken am Seilzug

Die Übungen sind so ausgewählt, dass eine Mischung aus Maschinen- und freien Übungen gegeben ist. Vorteil von maschinengeführten Übungen ist, dass die Gefahr, die Bewegung falsch auszuführen und sich so zu verletzen, geringer ist. Außerdem sind sie die Grundlage für Bewegungsmuster aus freien Übungen. Die Freihantelübungen sind koordinativ anspruchsvoller und werden deswegen schon beim ersten Mesozyklus mit eingebaut, damit die Koordination von Beginn an geschult wird, schließlich hat die Person schon Trainingserfahrung und es wird somit ein gewisses Maß an Körperwahrnehmung vorausgesetzt. Im ersten Mesozyklus wird kein Fokus auf eine bestimmte Muskelgruppe gelegt, da hier die Steigerung des Grundumsatzes im Vordergrund steht. Das ist auch der Grund, weshalb Übungen mit großen Muskeln bzw. mehrgelenkige Übungen eingeplant sind. Trotzdem dominieren eingelenkige Übungen, damit die Testperson lernt, einzelne Muskeln gezielt anzusteuern. Zudem lassen sich so einzelne Muskeln isoliert trainieren. Dieser Aspekt wird bei der Reihenfolge der Übungen ersichtlich. Prinzipiell gibt es hierbei drei Regeln:

- Große Muskeln vor kleinen (Kieser, 2016). Das bedeutet auch mehrgelenkige Übungen vor eingelenkigen, damit nicht die Muskeln, die eingelenkig trainiert werden, den leistungslimitierenden Faktor bei den anderen Übungen darstellen.

- Koordinativ anspruchsvolle Übungen zuerst, da die Konzentration zu Beginn noch am höchsten und die beteiligten Muskeln noch nicht erschöpft sind.

- Übungen mit hoher Priorität vor Übungen mit geringerer Priorität (Fröhlich, 2014).

Die Kniebeuge ist die erste Übung, weil dabei die größten und meisten Muskelgruppen arbeiten und da sie am meisten Koordination erfordert. Bei den folgenden Übungen sind immer weniger Muskeln beteiligt, die Komplexität nimmt ab und zum Schluss werden nur noch eingelenkige Übungen trainiert.

Grundlegend soll natürlich jede Muskelgruppe im Training beansprucht werden. Infolgedessen wir im Folgenden nur begründet, wieso genau diese Übung für diese Muskelgruppe ausgewählt wurde.

Der große Vorteil an der Kniebeuge mit Langhantel ist, dass auch der Rücken stabilisierend arbeiten muss. Schließlich ist eine starke Rumpfmuskulatur elementar für das Ziel der Haltungsverbesserung (Hauser-Bischof et al., 1991). Außerdem ist es eine anspruchsvolle Übung, die die intermuskuläre Koordination fördert und somit die Bewegungen im Alltag erleichtert (Hois & Ziegner, 2006). Die Übung wurde allerdings nur ausgewählt, weil die Testperson Erfahrung im Krafttraining hat und sich somit leichter tut, auf eine saubere Ausführung zu achten. Beim Rudern mit der Kurzhantel ist auch der Fokus auf der stabilisierenden autochthonen Rückenmuskulatur, weshalb nicht das Rudern am Gerät ausgewählt wurde. Außerdem ist bei diesen Übungen für die Person wichtig, ihre Haltung zu kontrollieren. So lernt sie auch im Alltag, auf ihre Körperhaltung zu achten. Die Rumpfflexion wurde an der Maschine sitzend ausgewählt. Die liegende Position wird aufgrund des erhöhten Blutdrucks vermieden, ebenso wie statische

Übungen oder Übungen über Kopf (Wonisch, Hofmann, Pokan & Eder, 2009). Da aber trotzdem eine Übung für die Bauchmuskulatur wichtig ist (vgl. Haltungsverbesserung und Notwendigkeit, alle Muskelgruppen zu beanspruchen) und die Intensität durch Erhöhung der Lasten regulierbar sein muss, wurde diese Übung ausgewählt. Für die Brustmuskulatur wurde entschieden, die Brustpresse an der Maschine zu trainieren. Grund hierfür ist, dass nicht nur der M. pectoralis major, sondern auch der M. deltoideus pars clavicularis und pars acromialis sowie der M. triceps brachii trainiert werden. Somit ist eine zusätzliche Übung für die vorderen zwei Teile des M. deltoideus und des M. triceps brachii integriert. Diese Übung wird am Gerät und nicht als klassisches Bankdrücken mit der Langhantel trainiert, um die liegende Position zu vermeiden und die Testperson zuerst an die Bewegung zu gewöhnen, bevor die z.B. Schrägbankdrücken mit der Kurzhantel macht. Die Hüftabduktion wird am Seilzug trainiert, da die Sportlerin hier die Stabilität im Standbein haben muss, was die Hüftmuskulatur auf beiden Seiten stärkt. Auch das trägt zu einer gesunden Körperhaltung bei. Das Wadenheben sorgt für die Stabilität in den Sprunggelenken und wird an der Maschine trainiert, weil sich die Sportlerin dann auf die korrekte Übungsausführung konzentrieren kann und nicht zusätzlich das Gleichgewicht halten muss. Um den M. biceps brachii, M. brachioradialis und M. brachialis gezielt zu stärken, werden die Konzentrationscurls trainiert. Die Testperson muss sich auf die richtige Ausführung konzentrieren, da sie nicht von einer Maschine geführt wird. Mit dieser eingelenkigen Übung wird sie aber dennoch nicht überfordert sein. Beim Armstrecken am Seilzug werden die Antagonisten der vorherigen Übung gestärkt, um Ungleichheiten zu vermeiden. Durch die Zugbewegung muss auch hier der Rumpf stabilisiert werden. Diese letzten zwei Übungen werden mit eingeplant, um zu vermeiden, dass die Arme leistungslimitierende Faktoren beim Rudern oder der Brustpresse werden.

5. Literaturrecherche

Tab. 8: Vergleich zweier Studien zum Thema Rückenbeschwerden, bzw. „low back pain"

Autoren	Manniche, Bentzen, Hesselsøe, Christensen und Lundberg	Bendix, Bendix, Labriola, Hæstrup und Ebbehøj

Erscheinungsjahr	1988	2000
Fragestellung	Welchen Effekt hat intensives Muskeltraining bei Patienten mit chronischen Rückenbeschwerden, oder „low back pain" bzw. „LWS-Syndrom"?	Effekte eines functional-restoration-Programmes im Vergleich zu einem ambulanten Training bei chronischen Rückenschmerzen
Stichprobe	105 Patienten mit chronischen Rückenschmerzen ohne konkreten klinischen oder radiologischen Befund	138 Patienten mit chronischer „low back pain" nahmen zu Beginn der Studie teil. Verwertbare Ergebnisse erbrachten allerdings nur 99 davon, da sie als einzige die gesamte Zeit das Programm durchführten und auch die Erhebung der Daten nach einem Jahr mitmachten. Der Altersdurchschnitt lag bei 42 Jahren, es waren mehr als doppelt so viele Frauen als Männer und die durchschnittliche Schmerzangabe lag bei 5,5 auf einer Skala von 0 = kein Schmerz bis 10 = maximaler Schmerz.
Versuchsaufbau	Die Patienten werden in drei Gruppen aufgeteilt: Die erste absolviert 30 Trainingseinheiten mit intensivem dynamischen Training des Rückenstreckers über drei Monate. Gruppe zwei trainiert ein ähnliches Programm, allerdings mit einem Fünftel der Intensität. Die dritte Gruppe hat einen Monat lang Wärmetherapie, Massagen und leichte Übungen bekommen.	Die Patienten wurden in zwei Gruppen eingeteilt, wovon eine ein umfassendes functional-restoration-Programm durchlief, was intensives körperliches Training, Edukation in der Ergonomie und Verhaltenstraining beinhaltet. Dieses Programm umfasst 39 Wochenstunden über drei Wochen hinweg. Die andere Gruppe absolvierte acht Wochen lang ein intensives physisches Training im ambulanten Rahmen.

Ergebnisse und Schlussfolgerungen	Die bevorzugte Methode mit den meisten positiven Effekten ist die des intensiven Trainings. Es hatte keine nachteiligen Folgen für die Testteilnehmer. Die einzigen Patienten, die nach einem Jahr einen signifikant besseren Zustand des Rückens hatten, waren die, die über einen Zeitraum von einem Jahr das intensive Training mindestens einmal pro Woche geleistet haben. Die Therapie wurde risikofrei eingestuft, allerdings mit dem Vorbehalt, dass alle Patienten mit Verletzungen an der Wirbelsäule oder den Spinalnerven von der Studie ausgeschlossen wurden.	Im Gesamtzusammenhang zeigt das functional-restoration-Programm größere Effekte als das ambulante Programm. Dennoch lassen sich keine signifikanten Unterschiede feststellen, wenn die Arbeitsfähigkeit, die Reduktion der Schmerzen derer, die arbeiten, Anfragen beim Gesundheitssystem, Rücken- und Beinschmerzen oder berichtete Alltagsaktivitäten getrennt betrachtet werden.

6. Literaturverzeichnis

Bendix, T., Bendix, A., Labriola, M., Hæstrup, C., & Ebbehøj, N. (2000). Functional Restoration versus Outpatient Physical Training in Chronic Low Back Pain: A Randomized Comparative Study. *Spine*, *25*(19), 2494–2500.

Deutsches Institut für medizinische Dokumentation und Information. (o. J.). DIMDI - ICD-10-WHO Version 2019. Zugriff am 15. Januar 2019. Verfügbar unter https://www.dimdi.de/static/de/klassifikationen/icd/icd-10-who/kode-suche/ htmlamtl2019/block-i10-i15.htm

Eifler, C. (2017). *Intensitätssteuerung im fitnessorientierten Krafttraining: Eine empirische Studie*. Tectum Wissenschaftsverlag.

Fröhlich, M. (2014). Krafttraining. In H.-D. Kempf (Hrsg.), *Funktionelles Training mit Hand und Kleingeräten* (S. 3–12). Berlin, Heidelberg: Springer Berlin Heidelberg.

Fröhlich, Michael, Emrich, E., & Schmidtbleicher, D. (2010). Outcome Effects of Single-Set Versus Multiple-Set Training—An Advanced Replication Study. *Research in Sports Medicine*, *18*(3), 157–175.

Haas, H. J., & Fox, T. (2005). Muskelphysiologie verstehen. *physiopraxis*, *3*(03), 24–26.

Hauner, H., Landgraf, R., Schulze, J., Spranger, J., & Standl, E. (2005). Prävention des Typ-2-Diabetes mellitus. *DMW - Deutsche Medizinische Wochenschrift, 130*(17), 1053–1054.

Hauser-Bischof, C., Dvořák, J., Ruef, A., & Graf-Baumann, T. (1991). Muskulatur. In C. Hauser-Bischof, J. Dvořák, A. Ruef, & T. Graf-Baumann (Hrsg.), *Vita-Rückenschule* (S. 47–70). Basel: Birkhäuser Basel.

Hofmann, P., Tschakert, G., & Müller, A. (2017). Allgemeine Grundlagen, Planung und Organisation des Trainings. In Manfred Wonisch, P. Hofmann, H. Förster, H. Hörtnagl, E. Ledl-Kurkowski, & R. Pokan (Hrsg.), *Kompendium der Sportmedizin: Physiologie, Innere Medizin und Pädiatrie* (S. 245–270). Vienna: Springer Vienna.

Hois, G., & Ziegner, K. (2006). Grundlagen des mehrgelenkigen Trainings in Theorie und Praxis. *B&G Bewegungstherapie und Gesundheitssport, 22*(1), 18–25.

Kieser, W. (2016). *Ein starker Körper kennt keinen Schmerz: Gesundheitsorientiertes Krafttraining nach der Kieser-Methode.* Heyne Verlag.

Mancia, G., Fagard, R., Narkiewicz, K., Redòn, J., Zanchetti, A., & Böhm, M. (2013). 2013 ESH/ESC Guidelines for the management of arterial hypertension. The task force for the management of arterial hypertension of the European Society of Hypertension (ESH) and of the European Society of Cardiology (ESC), 1281–1357.

Manniche, C., Lundberg, E., Christensen, I., Bentzen, L., & Hesselsøe, G. (1991). Intensive dynamic back exercises for chronic low back pain: a clinical trial. *Pain, 47*(1), 53–63.

Rometsch, L. (2010). *Krafttraining zur Gewichtsreduktion: Prävention und Therapie von Übergewicht und Adipositas.* Diplomica Verlag.

Schäffler, A. (2015). *Funktionsdiagnostik in Endokrinologie, Diabetologie und Stoffwechsel: Indikation, Testvorbereitung und -durchführung, Interpretation.* Springer-Verlag.

Wirth, K., & Schmidtbleicher, D. (2002). Trainingshäufigkeit beim Hypertrophietraining unter Berücksichtigung des Leistungsniveaus. *BISp-Jahrbuch*, 6.

Wonisch, M, Hofmann, P., Pokan, R., & Eder, B. (2009). Krafttraining bei Patienten mit kardiologischen Erkrankungen. *Journal für Kardiologie*, 337–340.

7. Tabellenverzeichnis